Grundschule

Stefanie Kraus

AF525054

Reizwort-Geschichten

KLIRR

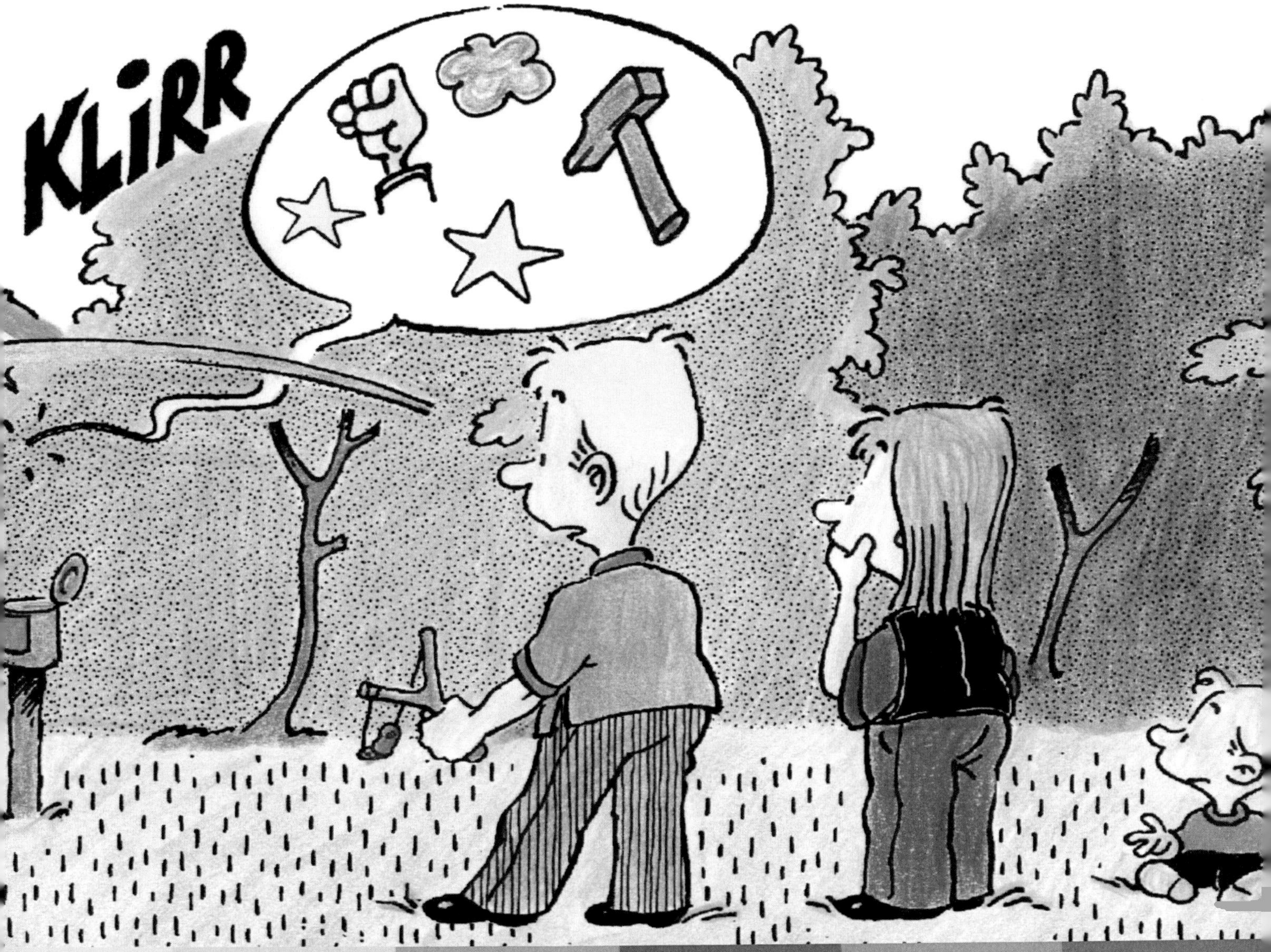

Kreatives Schreiben mit Schlüsselwörtern

Reizwortgeschichten / Grundschule
Kreatives Schreiben mit Schlüsselwörtern

18. Auflage 2026

© Kohl-Verlag, Kerpen 2008
Alle Rechte vorbehalten.

Inhalt: Stefanie Kraus
Illustrationen: © clipart.com
Redaktion: Kohl-Verlag
Grafik & Satz: Kohl-Verlag
Druck: farbo prepress GmbH, Köln

Bestell-Nr. 10 756

ISBN: 978-3-86632-756-6

Verwendete Schrift: *„Grundschrift" von Christian Urff, lizenziert unter CC-BY 3.0*

Das vorliegende Werk und seine Teile sind urheberrechtlich geschützt. Jede Nutzung in anderen als den gesetzlich zugelassenen Fällen bedarf der vorherigen schriftlichen Einwilligung des Verlages. Hinweis zu § 52a UrhG: Weder das Werk noch seine Teile dürfen ohne eine solche Einwilligung eingescannt und in ein Netzwerk oder das Internet eingestellt werden. Dies gilt auch für Intranets von Schulen und sonstigen Bildungseinrichtungen.

Kontakt: Kohl-Verlag, An der Brennerei 37-45, 50170 Kerpen
Tel: +49 2275 331610, Mail: info@kohlverlag.de

Unsere Lizenzmodelle

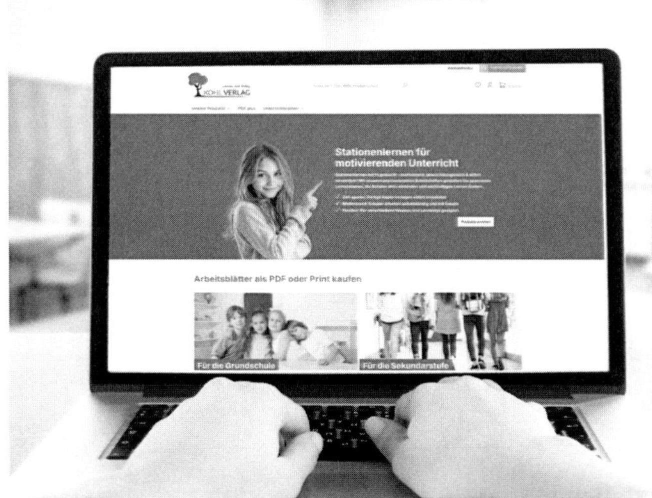

Der vorliegende Band ist eine Print-Einzellizenz

Sie wollen unsere Kopiervorlagen auch digital nutzen? Kein Problem – fast das gesamte KOHL-Sortiment ist auch sofort als PDF-Download erhältlich! Wir haben verschiedene Lizenzmodelle zur Auswahl:

	Print-Version	PDF-Einzellizenz	PDF-Schullizenz	Kombipaket Print & PDF-Einzellizenz	Kombipaket Print & PDF-Schullizenz
Unbefristete Nutzung der Materialien	x	x	x	x	x
Vervielfältigung, Weitergabe und Einsatz der Materialien im eigenen Unterricht	x	x	x	x	x
Nutzung der Materialien durch alle Lehrkräfte des Kollegiums an der lizensierten Schule			x		x
Einstellen des Materials im Intranet oder Schulserver der Institution			x		x

Die erweiterten Lizenzmodelle zu diesem Titel sind jederzeit im Online-Shop unter www.kohlverlag.de erhältlich.

Inhalt

KOHL VERLAG REIZWORTGESCHICHTEN IN DER GRUNDSCHULE Kreatives Schreiben mit Schlüsselwörtern – Bestell-Nr. 10 756

Vorwort

Liebe Kolleginnen und Kollegen,

dieser Band „Reizwortgeschichten – kreatives Schreiben mit Schlüsselwörtern" bietet eine Vielfalt von Ideen und Kopiervorlagen für den Deutschunterricht. Durch systematisches Üben werden die Schüler* zum Schreiben bzw. Ausformulieren von Reizwortgeschichten hingeleitet.

Die Kopiervorlagen steigen mit einfachen Aufgaben ein. Die Schüler sollen zuerst verstehen, was es denn mit den sogenannten Reizwörtern auf sich hat. Der Einstieg in die Thematik wird den Schülern dann im nächsten Kapitel durch eine mündliche Übung erleichtert.

Das vierte Kapitel bietet schließlich eine Auswahl von Gruppenspielen an. Diese lassen sich nicht nur zum Einstieg ins Thema anwenden, sondern sie können während der gesamten Übungseinheit wiederholt eingebaut werden. Nun beginnt das Schreiben. Zuerst sollen die Schüler einzelne Sätze erstellen, anschließend wird der typische Aufbau (Einleitung - Hauptteil - Schluss) geübt. Daran schließen sich Übungen zur Ausformulierung an. Wie werden Satzanfänge interessant gestaltet? Wie wende ich die wörtliche Rede zielgerichtet an? Wie vermeide ich zu lange und zu kurze Sätze?

Im neunten Kapitel wird die inhaltliche Wirkung der Reizwortgeschichten thematisiert.

Der vorliegende Band enthält zusätzlich eine Stationenarbeit mit acht unterschiedlichen Stationen zum Unterrichtsthema Reizwortgeschichten. Das ist eine Zusammenstellung vielfältiger und abwechslungsreicher Übungsmaterialien.

Im elften Kapitel finden Sie eine Sammlung vieler Reizwortketten. Diese Sammlung kann Ihren Schülern das freie Üben ermöglichen. Zur Selbstkontrolle eignet sich die Vorlage „Regeln für das Aufsatzschreiben". Für eine Bewertung durch den Lehrer stellt das dreizehnte Kapitel „Bewertungskriterien für Reizwortgeschichten" eine große Unterstützung dar.

Ganz zum Schluss befinden sich die Lösungen der Aufgaben. Jedoch ist zu erwähnen, dass viele der Aufgaben individuelle Lösungswege zulassen.

Viele spannende, lustige und erfolgreiche Geschichten sowie viel Freude beim Einsatz der Kopiervorlagen wünschen Ihnen der Kohl-Verlag und

Stefanie Kraus

Mit den Schülern und Lehrern sind im gesamten Band natürlich auch die Schülerinnen und Lehrerinnen gemeint.

Hinweiskiste

• Reizwortgeschichten entstehen aus sogenannten Reizwortketten. Diese Wortketten sollen die Fantasie der Schüler anregen und sie dazu anleiten, eine passende Geschichte zu schreiben.

• Wie lange die geschriebene Geschichte ist, spielt zunächst keine Rolle. Wichtig ist, dass alle Reizwörter in der Geschichte vorkommen.

• Je länger die Klasse an Reizwortgeschichten arbeitet, desto mehr Kriterien sollten dabei beachtet werden. Ein systematisches Üben ist dabei von Vorteil.

Folgende Kriterien spielen eine Rolle:

➔ Die Schüler sollten die Geschichte unterteilen können in die Bereiche *Einleitung - Hauptteil - Schluss*

➔ In der Einleitung müssen die W-Fragen beantwortet werden (Wer?, Wo?, Was?, Wann?, Warum? ...).

➔ Im Hauptteil sollte ein „Höhepunkt“ erreicht werden – es soll Spannung entstehen.

➔ Im Schlussteil wird das Spannende zu einem Ende gebracht.

➔ Auf die weiteren folgenden Feinheiten sollte ebenfalls geachtet werden:

- Wortwiederholungen (Satzanfänge)
- Länge der Sätze
- Verwendung von Adjektiven
- wörtliche Rede spannend formuliert und an den richtigen Stellen verwendet
- gewählte Zeitform
- Erzählperspektive
- Satzbau/Grammatik

Um bei den Schülern Lust und Motivation zum Schreiben zu erreichen, sollte eine positive Schreibhaltung entstehen! Diese lässt sich durch Folgendes erreichen:

Die Schüler benötigen eine angenehme Schreibatmosphäre. Diese ist nicht nur vom gemütlichen Klassenzimmer abhängig, sondern auch von einer positiven Fehlerkultur. Hier lässt sich der Vorteil der Reizwortgeschichten erkennen, denn man kann bei dieser Form des kreativen Schreibens kaum Fehler machen.
Unter anderem wirkt es sich auf die Schülerkreativität positiv aus, wenn alle notwendigen Schreibmaterialien griffbereit vorhanden sind. Hierfür bietet sich eine feste Materialbox im Klassenzimmer an.
Ein drittes und unabdingbares Kriterium ist das Vorwissen der Schüler. Denn sie können nur etwas zu einem Thema schreiben, wenn sie etwas dazu wissen!

KOHL VERLAG REIZWORTGESCHICHTEN IN DER GRUNDSCHULE Kreatives Schreiben mit Schlüsselwörtern – Bestell-Nr. 10 756

1 Reizwortketten nach Bildern erkennen

EA

Aufgabe 1: *Kreuze an!*  Richtig!

A

- ☐ Steinschleuder – Baby – Gewitter
- ☐ Steinschleuder – Erschrecken – klirren
- ☐ Steinschleuder – Baum – Baby
- ☐ Garten – Fest – Baby – Husten

B

- ☐ Kuchen – Hund – gefressen – Frau
- ☐ Hund – Fenster – Frau – Abfalltonne
- ☐ Kuchenplatte – leer – Hund – schimpfen
- ☐ Hund – Frau – Kuchen – Haus

C

- ☐ Zwiebel – Tränen – Taucherbrille – Küche
- ☐ Zwiebel – Idee – Tränen – Kaffee
- ☐ Zwiebel – Mutter – Taucherbrille – Gelächter
- ☐ Mutter – Tochter – Zwiebel – Tisch

REIZWORTGESCHICHTEN IN DER GRUNDSCHULE
KOHL VERLAG

1 Reizwortketten nach Bildern erkennen

EA

Aufgabe 2: *Welches ist die passende Reizwortkette zum Bild? Kreuze an!*

[X] Richtig!

D

- ☐ Wald – Lagerfeuer – 5 Freunde – Erholung
- ☐ Wald – Picknick – Grillwürste – Sirene
- ☐ Wald – Lagerfeuer – Feuer – gefangen – Sirene
- ☐ Bäume – Zeltlager – Blitzschlag – Verhaftung

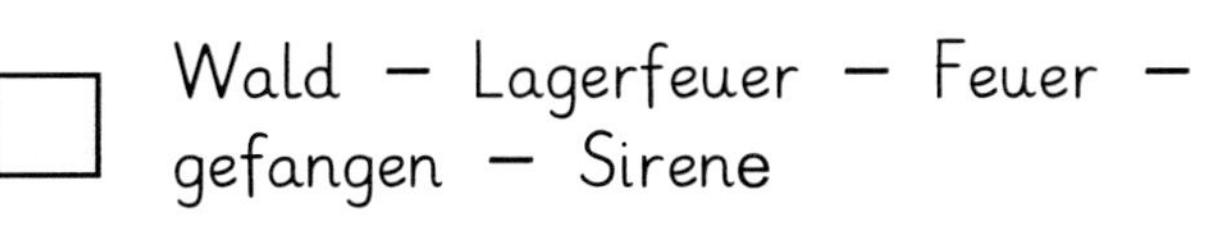

E

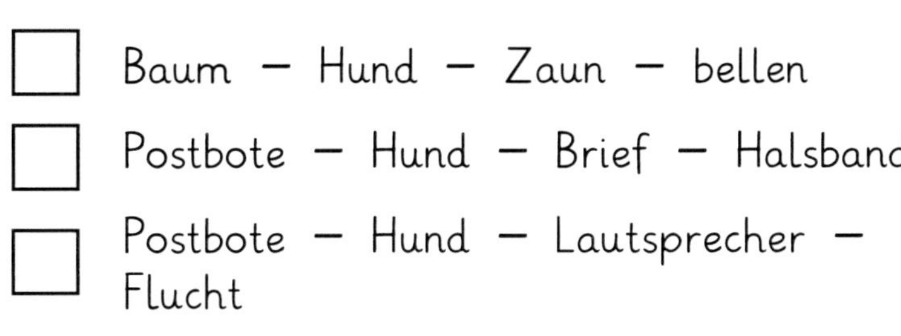

- ☐ Baum – Hund – Zaun – bellen
- ☐ Postbote – Hund – Brief – Halsband
- ☐ Postbote – Hund – Lautsprecher – Flucht
- ☐ Postbote – Hund – bellen – Angriff

F

- ☐ Blatt – Held – Kugelschreiberfleck
- ☐ Bilder – Kartenschreiben – lachen
- ☐ Blatt – gutaussehend – Unfall
- ☐ gutaussehend – Windstoß – Perücke – Glatze

REIZWORTGESCHICHTEN IN DER GRUNDSCHULE
Kreatives Schreiben mit Schlüsselwörtern – Bestell-Nr. 10 756
KOHL VERLAG

2 Reizwortketten – Welches ist das Reizwort?

EA

<u>Aufgabe 1</u>: a) *Welche der angegebenen Wörterketten findest du besonders reizvoll? Kreuze sie als deine Reizwortkette an!* ☒

b) *Welches ist das besonders reizvolle Wort aus deiner angekreuzten Reizwortkette? <u>Unterstreiche</u> es!*

Beispiel:

- ☐ Flasche – Treppe – Geländer
- ☐ Treppe – Geländer – Mann
- ☒ Flasche – Treppe – <u>Scherbenhaufen</u>
- ☐ Flasche – Frau – Treppe

1.
- ☐ Zugefrorener See – Winter – Schnee
- ☐ Schnee – Winterspaziergang – Schlitten
- ☐ Zugefrorener See – Schlittschuhe – „Kracks"
- ☐ Zugefrorener See – Schlittschuhe – Eisläufer

2.
- ☐ Mitternacht – Haus – Straßenlärm
- ☐ Mitternacht – Einbrecher – Schreck
- ☐ Einbrecher – Sack – Treppe
- ☐ Straßenlampe – Straße – Mitternacht

3.
- ☐ Fensterscheibe – Baum – Kinder
- ☐ Fensterscheibe – Ball – klirren
- ☐ Fensterscheibe – Kinder – Fahrrad
- ☐ Fensterscheibe – Fahrrad – Haustüre

4.
- ☐ Bauernhof – Pferdestall – weggelaufen
- ☐ Bauernhof – Pferde – Schwein
- ☐ Pferde – Schweine – Kühe
- ☐ Pferdestall – Kuhstall – Misthaufen

<u>**Merke**</u>: Bestimmte Wörter haben eine besondere Wirkung auf uns. Sie geben uns das Signal für etwas besonders interessantes, spannendes, trauriges oder fröhliches. Diese Wörter kann man Reizwörter nennen. In einer Wortkette befindet sich ein Reizwort, das der Höhepunkt der Geschichte sein kann.

REIZWORTGESCHICHTEN IN DER GRUNDSCHULE
KOHL VERLAG

2 Reizwortketten – Welches ist das Reizwort?

Aufgabe 1:
- *Setzt euch zu zweit zusammen! Sucht euch aus den 8 vorgegebenen Reizwortketten jeweils eine heraus.*
- *Zuerst erzählt der eine Partner seine erfundene Geschichte zur Reizwortkette, dann erzählt der andere Partner eine Geschichte zu seiner Reizwortkette. Wählt die beste Geschichte aus!*

1. Pfingstmarkt – Buden – Süßigkeiten – verlaufen
2. Karate – neuer Trainer – Gurtprüfung – bestanden/durchgefallen
3. Klassenausflug – Kletterhalle – Höhenangst – Rettung
4. Boxer – Riesenknochen – abgelenkt – Diebstahl
5. Fahrradtour – Sonntag – Wasserflasche – Riesendurst
6. Fernseher – Fernbedienung – Abendprogramm – Knall
7. Hausaufgaben – Mathematik – Anruf – Kopie
8. Kaufhaus – Geldbeutel – verloren – ertappt

Aufgabe 2: *Sucht euch aus den 6 nicht benutzten Reizwortketten jeweils eine heraus und erfindet wieder eine passende Geschichte dazu!*

So muss eure Geschichte aufgebaut sein:
- Einleitung: Wer? Wo? Wann? Wieso?
- Hauptteil: Die Spannung steigt. Die Geschichte erreicht einen Höhepunkt
- Schluss: Das Ende der Geschichte mit wenigen Sätzen

REIZWORTGESCHICHTEN IN DER GRUNDSCHULE
Kreatives Schreiben mit Schlüsselwörtern – Bestell-Nr. 10 756
KOHL VERLAG

3 Zu Reizwortketten Geschichten erzählen

Welche Reizwortkette passt zu der Geschichte?

EA

Aufgabe 3: *Lies dir die vorgegebene Reizwortgeschichte genau durch! Kreuze anschließend die passende Reizwortkette an!* X

Der Hund

An diesem Wochenende war Levin mit seiner Mutter, dem Hund und der Katze allein zu Hause. Vater fehlte, er war zu einer Feier eingeladen. Hund Teddy war ein ganz wilder Bursche und musste wenigstens viermal am Tag zum Toben nach draußen. Levin wollte das übernehmen und er machte Teddy die Leine an das blaue Halsband. Teddy, der Bordercollie, liebte das Rausgehen und war stets ganz aufgeregt, wenn Levin fragte: „Wollen wir Toben gehen?" Teddy hüpfte um Levin herum und zog an der Leine zur Wiese hinunter. Dort würde er nach Bällen und Stöckchen rennen dürfen, ohne Leine. Mutter sah ihnen durch das Fenster zur Straße nach und begann mit den Vorbereitungen für das Mittagessen. Nach einer halben Stunde wurde sie unruhig. Wo blieben die beiden bloß? Längst war das Essen fertig und die beiden waren immer noch nicht in Sicht! Kurzentschlossen nahm sie die Schürze ab und lief zur Hundewiese. Bei dem Ausblick ihrer beiden „Helden" musste sie lächeln: Levin stand die Verzweiflung ins Gesicht geschrieben und Teddy hüpfte frech um ihn herum. Er war ihm ausgebüchst. „Ich lasse mich nicht anleinen, ich komme nicht zu dir!", schien er zu bellen. Mutter packte ihn am Halsband und leinte ihn an. Er war zu überrascht, um wegzuspringen.

Welche Reizwortkette passt?

- ☐ Spaziergang – toben – Auto
- ☐ Hund – Gassi gehen – Spiel
- ☐ Hund – Leine – ausgebüchst
- ☐ Gassi – Leine – Auto

Begründe deine Entscheidung:

____

____

KOHL VERLAG – REIZWORTGESCHICHTEN IN DER GRUNDSCHULE

3 Zu Reizwortketten Geschichten erzählen

Welche Reizwortkette passt zu der Geschichte?

EA

Aufgabe 4: *Lies dir die vorgegebene Reizwortgeschichte genau durch! Kreuze anschließend die passende Reizwortkette an!* X

Der Sonnenbrand

Das Schwimmbad hatte endlich geöffnet. Die Sommersaison begann und Mara hatte wieder eine Dauerkarte. In diesem Sommer wollte sie endlich ihr silbernes Schwimmabzeichen machen. Sie konnte gut schwimmen, aber sie war leider etwas langsam. Also wollte sie die Bahnen auf Zeit schwimmen. Die große Uhr am Hauptgebäude half ihr dabei. Nach mehreren Tagen war sie mit ihrer Schwimmzeit schon recht zufrieden. Mit ihrem Freund Lars machte sie sich an die Tauchstrecke. Sie wusste nie, wann sie auftauchen sollte. Also stellte er sich ins Wasser und dort tauchte sie auf, nachdem sie sich einen kräftigen Stoß vom Beckenrand gegeben hatte. Mit sich zufrieden spielten die beiden noch Volleyball und legten sich auf die Liegewiese. Mara schlummerte ein. Als sie aufwachte, brannte ihre Haut und war knallrot. Ein Sonnenbrand – sie hatten vergessen, sich einzucremen. Welch dummer Fehler! Mara dachte gleich an ihre Schwimm- abzeichenprüfung. Jetzt musste sie sicherlich einige Tage im Haus bleiben und konnte das Abzeichen vergessen. So ein Ärger!

Welche Reizwortkette passt?

- [ ] Bademeister – Schwimmbad – Tauchstrecke
- [ ] Schwimmbad – Sonne – Schwimmabzeichen – knallrot
- [ ] Schwimmbad – Sonne – Sommer – Sprungbrett
- [ ] Liegewiese – Schwimmbad – Sonne – Hund

Begründe deine Entscheidung:

____

____

KOHL VERLAG REIZWORTGESCHICHTEN IN DER GRUNDSCHULE Kreatives Schreiben mit Schlüsselwörtern – Bestell-Nr. 10 756

4 Gruppenspiele zu Reizwortketten

Spiel 1: *Bildet 2 Gruppen! Eine bildet einen Innenkreis, die andere einen Außenkreis. Je 2 Schüler stehen sich gegenüber.*

Kärtchen ohne Reizwörter

Variante A: Die Schüler des Innenkreises haben ein Kärtchen mit einer Wörterkette. Sie lesen diese Karte ihrem Gegenüber vor. Dieser muss nun mit einem 4. Wort die Reizwortkette ergänzen und eine kurze Geschichte erzählen. Dafür sind 3 bis 5 Minuten Zeit. Nun geht der Innenkreis nach links und der Außenkreis nach rechts. Auf ein Zeichen bleiben beide Kreise stehen. Nun hat jeder seinen neuen Partner.

Kärtchen mit Reizwörtern

Variante B: Nun erhalten beide Kreise ein Kärtchen. Dazu muss die Reizwortkettenvorlage mit Reizwörtern zweimal kopiert werden. Abwechselnd lesen die Schüler sich ihre Reizwortketten vor und erzählen eine Geschichte dazu. Verabredet zuvor, ob der Außen- oder Innenkreis beginnt. Wählt ein Zeichen, z.B. Klingel oder Klatschen, wenn der Kreis sich weiterdreht.

Reizwortketten mit Reizwörtern

Variante C: Mit einer Reizwortkette erzählen die Schüler eine Geschichte gemeinsam. Immer abwechselnd Satz für Satz.

Spiel 2: *4 Schüler erhalten je 4 Kärtchen. Sie sitzen am Gruppentisch und haben ihre Kärtchen verdeckt vor sich liegen. Der Jüngste beginnt und zieht ein Kärtchen der anderen. Dessen Besitzer ergänzt ein Reizwort und bestimmt den Erzähler der Geschichte. Es wird reihum weitergespielt. Die Zuhörenden bewerten mit der Vorlage unten den jeweiligen Erzähler. Erstellt eine Tabelle! Wer die meisten Punkte hat, gewinnt.*

Reizwortketten ohne Reizwörter

Schülername	• • • Punkte super, spannend	• • Punkte gut gemacht	• Punkt bitten noch mehr üben

Spiel 3: *Jeweils vier Kärtchen werden in einzelne Wörter zerschnitten. Daraus wird eine neue Reizwortkette erstellt. Jeder schreibt dazu eine Geschichte. Die beste erhält einen Preis.*

Reizwortketten mit Reizwörtern

REIZWORTGESCHICHTEN IN DER GRUNDSCHULE Kreatives Schreiben mit Schlüsselwörtern – Bestell-Nr. 10 756
KOHL VERLAG

Gruppenspiele zu Reizwortketten mit Reizwörtern

Schlittschuhe – Freunde – Eishalle – Blasen

Pfadfinder – Zeltplatz – Nachtwanderung – gestohlen

Busfahrt – Eile – Kontrolleur – verschwunden

Klassenarbeit – Spickzettel – Lehrer – erwischt

Schlittenfahrt – Zusammenstoß – Unachtsamkeit – Piste

Spielplatz – Schaukel – Seil – gerissen

DVD-Player – Verbot – Couch – schwarzer Bildschirm

Haustürschlüssel – alleine – Kette um den Hals – weg

Schwimmbad – Abzeichen – Trainerin – Wadenkrampf

Klassenfahrt – Bus – Autobahn – Reifenpanne

Sommernacht – im Garten zelten – Geräusch – jaulen

Autofahrt – Turnstunde – Mutter – Knall

KOHL VERLAG
REIZWORTGESCHICHTEN IN DER GRUNDSCHULE
Kreatives Schreiben mit Schlüsselwörtern – Bestell-Nr. 10 756

Gruppenspiele zu Reizwortketten ohne Reizwörter

Schlittschuhe – Freunde – Eishalle – ______________

Pfadfinder – Zeltplatz – Nachtwanderung – ______________

Busfahrt – Eile – Kontrolleur – ______________

Klassenarbeit – Spickzettel – Lehrer – ______________

Schlittenfahrt – ______________ – Unachtsamkeit – Piste

Spielplatz – Schaukel – Seil – ______________

DVD-Player – Verbot – Couch – ______________

Haustürschlüssel – alleine – Kette um den Hals – ______________

Schwimmbad – Abzeichen – Trainerin – ______________

Klassenfahrt – Bus – Autobahn – ______________

Sommernacht – im Garten zelten – Geräusch – ______________

Autofahrt – Turnstunde – Mutter – ______________

KOHL VERLAG REIZWORTGESCHICHTEN IN DER GRUNDSCHULE

5 Zu Reizwortketten passende Sätze schreiben

Zur folgenden Reizwortkette wurden 4 Sätze geschrieben.

- Der 1. Satz ist die Einleitung.
- Der 2. und 3. Satz sind der Hauptteil.
- Der 4. Satz ist der Schlusssatz.

Lies dir dieses Beispiel aufmerksam durch:

Die Reizwortkette:

Eisbärin – 2 Junge – Schneeloch – Hunger

Einleitung	1. Satz:	Eine Eisbärin überlebte den arktischen Winter.
Hauptteil	2. Satz:	Sie hatte zwei Junge geboren und in einem Schneeloch gesäugt.
	3. Satz:	Jetzt hatte sie großen Hunger.
Schluss	4. Satz:	Sie fing zum Glück drei große Fische aus dem Wasser.

EA

Aufgabe 1: *Jetzt bist du an der Reihe! Achte darauf, klar verständliche Sätze zu schreiben!*

A

Buckelwal – Kalb – Ozean – Gefahr

Einleitung	1. Satz:	________________________
		________________________
Hauptteil	2. Satz:	________________________
		________________________
	3. Satz:	________________________
		________________________
Schluss	4. Satz:	________________________
		________________________

REIZWORTGESCHICHTEN IN DER GRUNDSCHULE
Kreatives Schreiben mit Schlüsselwörtern – Bestell-Nr. 10 756
KOHL VERLAG

5 Zu Reizwortketten passende Sätze schreiben

B **Elefantin – Junges – Wüste – Durst**

Einleitung 1. Satz: ______________________________

____

Hauptteil 2. Satz: ______________________________

____

3. Satz: ______________________________

____

Schluss 4. Satz: ______________________________

____

Auch in der folgenden Reizwortkette wurden wieder 4 Sätze geschrieben.

- Der 1. Satz ist die Einleitung.
- Der 2. und 3. Satz sind der Hauptteil.
- Der 4. Satz ist der Schlusssatz.

Lies dir dieses Beispiel erneut aufmerksam durch:

Die Reizwortkette:

Tafelschwamm – Herr Müller – Wasser – Nachsitzen

Einleitung 1. Satz: Herr Müller war der unbeliebteste Lehrer der 5. Klasse.

Hauptteil 2. Satz: Klaus und Hannes waren die beiden Unholde der Klasse.

3. Satz: Mit Wasser tränkten sie den Tafelschwamm und legten ihn dem Herrn Müller auf den Stuhl.

Schluss 4. Satz: Natürlich wusste dieser mit klatschnasser Hose, wer es war, und so wurden die beiden schließlich zum Nachsitzen verdonnert.

REIZWORTGESCHICHTEN IN DER GRUNDSCHULE
KOHL VERLAG

5 Zu Reizwortketten passende Sätze schreiben

Aufgabe 2: *Löse die folgende Aufgabe mit deinem Tischnachbarn! Schreibt zu der Reizwortkette vier passende Sätze! Achtet darauf, dass die Sätze klar und verständlich sind!*

A **Planetarium – Weltall – Stühle – Rausschmiss**

Einleitung — 1. Satz: ______________________________

____

Hauptteil — 2. Satz: ______________________________

____

3. Satz: ______________________________

____

Schluss — 4. Satz: ______________________________

____

B **Fußballspiel – Abstieg – Tor – Jubel**

Einleitung — 1. Satz: ______________________________

____

Hauptteil — 2. Satz: ______________________________

____

3. Satz: ______________________________

____

Schluss — 4. Satz: ______________________________

____

6 Den Aufbau einer Reizwortgeschichte üben

Wenn man eine Geschichte oder einen Aufsatz schreibt, geht man meistens nach einem vorgegebenen Ablauf vor. Für die Reizwortgeschichte ist dies:

Einleitung – Hauptteil mit Höhepunkt – Schluss

Folgender Ablauf ist für eine Reizwortgeschichte wichtig:

<u>Einleitung</u>:
- Wer?
- Wo?
- Wann?
- Wieso?

→ Hier werden oft die beteiligten Personen vorgestellt und es wird erklärt, wie es zu der Situation kommt, in der etwas „reizvolles" geschieht.

<u>Hauptteil</u>: Die Handlung startet und nimmt ihren Lauf. Der Höhepunkt ist mit dem spannenden „Reizwort" der Geschichte erreicht. Hier passiert die entscheidende Sache.

<u>Schluss</u>: Die „spannende" Sache des Höhepunktes wird zu einem Ende gebracht. Das kann traurig, lustig, offen usw ... sein.

Beispiel: *Zur folgenden Reizwortkette wurde dieser Aufbau in Stichwortsätzen vorgeschrieben:*

kurze Hosen – Geschäfte – Geldbeutel – verschwunden

<u>Einleitung</u>: Marion und ihre Mutter gingen am Samstag in die Stadt. Sie mussten neue Kleider kaufen, denn Marion hatte keine kurzen Hosen mehr für den bevorstehenden Sommer.

<u>Hauptteil</u>: In vielen Geschäften sahen sie nach, doch entweder passten die Hosen nicht, oder sie waren viel zu teuer. Im fünften Laden fanden sie endlich, wonach sie suchten. An der Kasse wollte die Mutter den Geldbeutel zücken, und – der war verschwunden!

<u>Schluss</u>: Nach einer panischen Suche sank die Mutter völlig erschöpft auf einen Sessel. Sie griff in die Jackentasche, um sich ein Taschentuch zu holen. Stattdessen zog sie – den Geldbeutel heraus.

KOHL VERLAG REIZWORTGESCHICHTEN IN DER GRUNDSCHULE

6 Den Aufbau einer Reizwortgeschichte üben

Aufgabe 1: *Schreibe zu den unten angegebenen Reizwortketten einen Aufbau für deine Geschichte! Gliedere sie in die drei Teile Einleitung, Hauptteil und Schluss!*

A | Spielen – Sand – Glasscherbe – Blut |

Einleitung: ______________________________

____

____

Hauptteil: ______________________________

____

____

____

Schluss: ______________________________

____

B | Vater – Lampen aufhängen – Leiter – Sturz |

Einleitung: ______________________________

____

____

Hauptteil: ______________________________

____

____

____

Schluss: ______________________________

____

6 Den Aufbau einer Reizwortgeschichte üben

Den Aufbau einer Reizwortkette erkennen und gliedern

<u>Aufgabe 2</u>: *Lest die folgende Reizwortgeschichte gemeinsam durch! (Die Reizwörter sind unterstrichen.) Gliedert sie in die Teile Einleitung, Hauptteil und Schluss! Benutzt dazu einen Stift, mit dem ihr eine Trennlinie nach jedem Abschnitt zieht!*

Der Bootsausflug

Dieser Sommer zeigte sich bisher von seiner schlechtesten Seite. Es regnete schon seit Wochen. „Der <u>Kanuausflug</u> wird doch wohl nicht ins Wasser fallen?", stöhnte Jens. Am Wochenende musste das Wetter besser werden, denn sie wollten an den Neckar zum Paddeln, das war ein großer Fluss in der Nähe. Am Sonntag lachte endlich die Sonne vom Himmel und die Familie packte froh ihr Paddelzubehör ins Auto. Und los ging es zum Fluss. Auf dem Neckar waren sie schon zwei Stunden unterwegs, als plötzlich Wolken aufzogen und es anfing zu regnen. Der <u>Regen</u> verschlimmerte sich und die Familie suchte Zuflucht unter einer Brücke. Alle hatten inzwischen nagenden Hunger. Da hatte Vater den rettenden Einfall: Sie bauten ihren Spirituskocher auf der Metallunterlage im Boot auf. Und schon bald köchelte die Tomatensuppe auf der kleinen Flamme. „<u>Kochen im Boot</u>", sagte Jens, „das hat noch keiner in meiner Klasse erlebt!"

Begründet, warum ihr die Reizwortgeschichte so eingeteilt habt:

____

____

<u>Aufgabe 3</u>: *Tragt in das Konzeptblatt „Aufbau einer Reizwortgeschichte" die passenden Stichwörter zur Geschichte „Der Bootsausflug" ein!*

KOHL VERLAG – Lernen mit Erfolg
REIZWORTGESCHICHTEN IN DER GRUNDSCHULE
Kreatives Schreiben mit Schlüsselwörtern – Bestell-Nr. 10 756

6 Den Aufbau einer Reizwortgeschichte üben

Konzeptblatt „Aufbau einer Reizwortgeschichte"

Schreibt hier eure Reizwörter hinein:

Schreibt hier kurze Sätze zu euren Reizwörtern:

Einleitung: ______________________________

____

____

Hauptteil: ______________________________

____

____

____

____

____

Schluss: ______________________________

____

____

____

- *Nun könnt ihr die Geschichte vollständig aufschreiben. Schreibt in eure Hefte/Ordner!*

Achtet auf ...
- ... abwechslungsreiche Satzanfänge.
- ... nicht zu lange und nicht zu kurze Sätze.
- ... abwechslungsreiche Namenwörter (Nomen/Substantive).
- ... beschreibende Eigenschaftswörter (Adjektive).
- ... den Höhepunkt der Geschichte.
- ... einen passenden Schluss.

KOHL VERLAG REIZWORTGESCHICHTEN IN DER GRUNDSCHULE Kreatives Schreiben mit Schlüsselwörtern – Bestell-Nr. 10 756

7 Reizwortgeschichten interessant gestalten

In der folgenden Reizwortgeschichte stecken einige Tücken. Wirklich gut hat der Autor sie nicht geschrieben. Dazu hat er zu viele Fehler beim Aufsatzschreiben eingebaut. Diese hätte er mit ein bisschen Übung leicht vermeiden können!

Aufgabe 1: a) *Lies zuerst die Reizwortgeschichte einmal durch!*

b) *Achte beim zweiten Lesen auf die rechte Spalte! Dort wurden die einzelnen Fehler aufgeschrieben.*

Hänseleien – Hund – Baum

Timos Hund erschreckt alle

Timo war auf dem Spielplatz draußen beim Wald. Sebastian, Kai und Robin tauchten auf. Sie hackten sofort auf Timo herum. Sie nannten ihn unmodern. Sie sagten alles, was ihnen einfiel. Für Timo wurden diese Hänseleien immer unerträglicher. Oft wurde er von ihnen geärgert. Er wurde auch in der Schule von ihnen geärgert. Er musste sich die schlimmsten Wörter gefallen lassen, und das alles nur, weil sie Timos Kleider nicht modern fanden, da er nun einmal nicht auf die Markenklamotten stand und es ihm nicht so wichtig war, modisch und modern zu sein. Sebastian sagte: „Du traust dich ja noch nicht einmal auf die hohe Tanne, du bist ein Angsthase!" Das stimmte. Timo hatte keine Lust, auf die hohe Tanne zu klettern. Das war ihm einfach zu hoch. Kai rief: „Da kommt ein Hund, wir müssen weg!" Sebastian, Kai und Robin kletterten auf die nächste Tanne. Ein großer Hund kam auf die drei in der Tanne und Timo zu. Er wedelte mit dem Schwanz. Er begrüßte sein Herrchen. Timo schaute zu den Dreien in der Tanne. Sein Hund saß neben ihm.

- keine große Überraschung
- Wortwiederholung
- Wortwiederholung
- zu viele Zwergensätze
- Satzstellung ungeschickt
- Wiederholung der Satzanfänge
- Riesensatz
- Wortwiederholung
- klingt langweilig (Wörtliche Rede sollte spannend sein!
- sehr kurzer Satz
- keine spannenden Adjektive
- der wörtlichen Rede fehlt die nötige Spannung
- der Höhepunkt der Geschichte ist nicht spannend ausformuliert
- Wortwiederholung
- kein eleganter Schluss (Sätze miteinander verbinden)

REIZWORTGESCHICHTEN IN DER GRUNDSCHULE
KOHL VERLAG

7 Reizwortgeschichten interessant gestalten

EA **Aufgabe 2**: *Kreuze an, was in der Geschichte falsch gemacht wurde!* X

- ☐ Die Überschrift verrät zu viel.
- ☐ Die Geschichte ist nicht spannend, die Überraschungen fehlen.
- ☐ Es gibt zu viele Wortwiederholungen.
- ☐ Die Wahl der Hauptwörter (Nomen/Substantive) ist nicht abwechslungsreich genug.
- ☐ Es gibt kaum beschreibende Adjektive, die vorhandenen werden zu oft wiederholt.
- ☐ Es gibt viele abgehackt wirkende Zwergensätze.
- ☐ Es gibt Riesensätze, die nicht sinnvoll aufgeteilt wurden.
- ☐ Oft gleichen sich die Satzanfänge.
- ☐ Die wörtliche Rede ist nicht spannend ausformuliert.
- ☐ Der Höhepunkt ist kaum zu erkennen, da zu allgemein geschrieben wurde.

Nun weißt du, welche Fehler man vermeiden kann. Hier siehst du die gleiche Geschichte. Jetzt wurde versucht, diese Fehler zu vermeiden. Das klingt besser, nicht wahr?

Der Angsthase

Timo war auf dem Spielplatz draußen im Wald. Auf einmal tauchten Sebastian, Kai und Robin auf. Wie so oft begannen die drei sofort damit, auf Timo herumzuhacken und ihn zu hänseln. Sie nannten ihn altbacken und was ihnen sonst noch für Gemeinheiten einfielen. Für Timo wurden diese Lästereien immer unerträglicher. Ständig wurde er von den Dreien geärgert, auch in der Schule. Stets musste er sich die schlimmsten Ausdrücke gefallen lassen, und das alles nur, weil sie Timos Kleider schrecklich fanden. Timo stand nun einmal nicht auf die teuren Markenklamotten. Es war ihm nicht so wichtig, trendy und topmodern zu sein. Gerade setzte Sebastian wieder an: „Du traust dich ja noch nicht einmal auf die große Tanne, du alter Angsthase!" Etwas Wahres war da schon dran. Timo hatte wirklich keine Lust, auf den riesigen Baum zu klettern. Das war ihm einfach zu gefährlich. Plötzlich rief Kai laut: „Da, da! Ein Hund! Schnell weg!!!" Wie der Blitz sausten Sebastian, Robin und Kai auf den nächstbesten Baum hinauf. Ein großer Hund, eher ein halbes Ungeheuer, näherte sich dem Platz und lief auf Timo zu. Freudig mit dem Schwanz wedelnd begrüßte er sein Herrchen. Sichtlich vergnügt betrachtete der vermeintliche Angsthase die drei jämmerlich im Baum hängenden Jungen, während sein Hund brav neben ihm saß und neugierig hinaufblickte.

KOHL VERLAG REIZWORTGESCHICHTEN IN DER GRUNDSCHULE Kreatives Schreiben mit Schlüsselwörtern – Bestell-Nr. 10 756

7 Reizwortgeschichten interessant gestalten

Aufgabe 3:
- *Lies die folgende Reizwortgeschichte aufmerksam durch!*
- *Was könnte man verbessern? Unterstreiche alle Stellen, die noch besser ausformuliert werden könnten! Trage deine Ideen in die Spalte rechts ein!*

Nikolaustag – Hund Schnuffi – Papa

Der Papa als Nikolaus

Der Nikolaustag nahte und Paula und Joshua waren schon ganz aufgeregt. Der Nikolaus füllte hoffentlich ihre Stiefel mit vielen Leckereien. Paula sagte: „Den Nikolaus gibt's doch gar nicht wirklich. Das ist immer ein Mann, der nur den Nikolaus spielt. Die Erwachsenen tun so, als ob der echt wäre und ich glaube nicht an den Nikolaus!" Joshua wusste nicht, ob er Paula glauben sollte. Und dann kam der Nikolausabend. Papa war gerade zum Baumarkt gefahren, als es an der Tür klingelte. Mama rief: „Joshua, öffne die Tür, ich bin gleich da!" Joshua öffnete die Tür. Joshua stotterte: „Der Nikolaus!" Da stand doch wahrhaftig der Nikolaus vor der Tür mit einem Sack auf dem Rücken. Joshua trat zurück in den Gang. Der Nikolaus folgte ihm. Schnuffi, der Hund, sprang schwanzwedelnd am Nikolaus hoch. Freudig wollte Schnuffi ihm übers Gesicht lecken, er erwischte aber nur den Bart. „Ratsch", machte es. Der Bart war ab. „Papa, du!", rief ein enttäuschter Joshua.

meine Verbesserungen

REIZWORTGESCHICHTEN IN DER GRUNDSCHULE
KOHL VERLAG

7 Reizwortgeschichten interessant gestalten

EA

Aufgabe 4: • *Knicke das Arbeitsblatt an der gestrichelten Linie nach hinten, ohne den Text unten zu lesen!*

• *Schreibe nun die Geschichte mit deinen Verbesserungen überarbeitet hier auf!*

• *Nun kannst du das Blatt wieder nach vorne knicken und die überarbeitete Geschichtsversion des Autors lesen! Ist deine Geschichte ähnlich? Ist sie vielleicht sogar besser?*

Das Blatt hier knicken!

Das Blatt hier knicken!

Der Nikolaus

Der Nikolaustag nahte. Paula und Joshua waren schon mächtig aufgeregt. Hoffentlich füllte der Nikolaus ihre Stiefel auch mit möglichst vielen Leckereien! Aber Paula hatte zu Joshua gestern erst gesagt: „Den Nikolaus gibt's doch eigentlich gar nicht wirklich. Das ist immer ein verkleideter Mann, der den Nikolaus nur spielt. Die Erwachsenen tun halt gerne so, als ob der echt wäre. Ich glaube nicht an den Nikolaus!" Joshua war sichtlich verunsichert. Er wusste nicht so recht, ob er Paula Glauben schenken sollte. Und dann kam der Nikolaustag. Papa war gerade mit dem Auto zum Baumarkt gefahren, als es plötzlich an der Tür klingelte. Mama rief: „Joshua, öffne bitte, ich bin gleich da!" Joshua öffnete und riss die Augen weit auf. „Der Nikolaus!", stotterte er aufgeregt. Da stand doch wahrhaftig eine stattliche Person, die wie der Nikolaus aussah. Auf dem Rücken trug er einen riesigen Sack. Überrascht wich Joshua einige Schritte zurück. Der Nikolaus folgte ihm. Schnuffi, der Hund, entdeckte den Besucher und sprang schwanzwedelnd an ihm hoch. Freudig wollte er ihm übers Gesicht lecken, er erwischte jedoch nur den großen weißen Bart. „Ratsch" machte es – der Bart fiel zu Boden. „Papa, du!", rief ein sichtlich enttäuschter Joshua.

KOHL VERLAG REIZWORTGESCHICHTEN IN DER GRUNDSCHULE Kreatives Schreiben mit Schlüsselwörtern – Bestell-Nr. 10 756

7 Reizwortgeschichten interessant gestalten

Satzanfänge werden interessant

Wie ihr schon oft bemerkt habt, ist es für das Aufsatzschreiben sehr wichtig, gute Satzanfänge und Satzübergänge zu formulieren. Mit den richtigen Satzanfängen klingt die Geschichte gleich interessant und abwechslungsreich.

Die folgende Wortliste kann dir das Schreiben von passenden Satzanfängen und -übergängen vereinfachen:

anschließend darauf endlich deshalb flugs
danach zuerst zum Schluss neulich
eiligst eigentlich damals früher gestern
hinterher letztendlich mehrmals
nebenbei obwohl
plötzlich schließlich jetzt
schnell sofort während zuguterletzt
in dem Moment trotzdem zuletzt währenddessen

EA

Aufgabe 5: *Schreibe zu den folgenden Reizwörtern eine Reizwortgeschichte! Achte dabei vor allem auf möglichst abwechslungsreiche Satzanfänge und -übergänge! Reicht der Platz nicht? Benutze die Blattrückseite!*

Grillabend – Holzkohle – Feuer löschen – Funken

KOHL VERLAG REIZWORTGESCHICHTEN IN DER GRUNDSCHULE

7 Reizwortgeschichten interessant gestalten

Die Abwechslung machts!

Die letzten Übungen haben dir gezeigt, dass jede Geschichte, jeder Aufsatz, den du schreibst, interessant klingen sollte. Dabei gibt es ein paar einfache Regeln, die dir – wenn du sie beachtest – das Schreiben sehr erleichtern können. Unnötige Wiederholungen lassen eine Reizwortgeschichte schnell langweilig klingen. Deshalb solltest du immer auf Abwechslung achten. Und es ist auch wichtig, gewisse Begriffe mit verschiedenen Wörtern der gleichen Bedeutung zu ersetzen, damit die Abwechslung beim Lesen gegeben ist.

Hier einige Beispiele:

Der Hund: Vierbeiner, Köter, bester Freund, Dackel, Waldi, Kläffer, Töle ...

laufen: gehen, rennen, hopsen, schlendern, flitzen, hetzen, schleichen ...

Doch aufgepasst! Zuviel des Guten ist auch wieder ungesund. Also gehe sparsam und gut überlegt mit den verschiedenen Begriffen um!

EA

Aufgabe 6: *Die folgenden Hauptwörter (Substantive/Nomen), Eigenschaftswörter (Adjektive) und Zeitwörter (Verben) benutzt man recht häufig. Finde andere Begriffe dafür, die dasselbe umschreiben!*
Manchmal eignen sich auch Umschreibungen.

arbeiten: ______________________

____

____

gemein: ______________________

____

____

Haus: ______________________

____

____

KOHL VERLAG REIZWORTGESCHICHTEN IN DER GRUNDSCHULE Kreatives Schreiben mit Schlüsselwörtern – Bestell-Nr. 10 756

7 Reizwortgeschichten interessant gestalten

Aufgabe 7: *Schreibe eine neue Reizwortgeschichte! Verwende dabei auch die angegebenen Wörter! Achte darauf, dass du eine angenehme Abwechslung schaffst!*

Hausaufgaben – vor dem Haus – gemeiner Nachbarsjunge – zerstört

Aufgabe 8: *Tauscht eure selbstgeschriebenen Geschichten untereinander aus und verbessert sie! Achtet dabei besonders auf ...*

- ... die korrekte Grammatik und Rechtschreibung.
- ... den Aufbau der Geschichte.
- ... abwechslungsreiche Wörter / umschreibende Begriffe.

KOHL VERLAG REIZWORTGESCHICHTEN IN DER GRUNDSCHULE

7 Reizwortgeschichten interessant gestalten

Riesensätze und Zwergensätze

Das folgende Beispiel soll dir zeigen, wie man einen Aufsatz nicht schreiben sollte:

> Auf der großen Schultreppe schubsen sich, die Schulranzen zu Hilfe nehmend, die neuen Erstklässler gegenseitig aus dem Weg, ohne zu bemerken, dass Frau Schroth, die Rektorin, sie mit missmutigem Kopfschütteln betrachtet und sich ihre Namen auf einem Notizzettel aufschreibt.

Auch das folgende Beispiel ist sicherlich nicht sehr angenehm zu lesen:

> Auf der großen Schultreppe schubsen sie sich. Sie nehmen ihre Schulranzen zu Hilfe. Es sind die neuen Erstklässler. Sie bemerken Frau Schroth nicht. Das ist die Rektorin. Diese schüttelt missmutig den Kopf. Auf dem Notizzettel schreibt sie etwas auf. Es sind die Namen der Schüler.

Beide Beispiele klingen nicht schön. Du hast sicher bemerkt, dass dies an der Länge der Sätze liegt. Das erste Beispiel besteht aus einem einzigen Riesensatz, im zweiten sind es lauter ganz kurze Sätze. Das kann eine im Prinzip gute Geschichte sehr langweilig werden lassen. Denn nur die Ausgewogenheit zwischen den sogenannten „Riesen- und Zwergensätzen" klingt und liest sich gut.

→ Eben die richtige Mischung, die machts!

EA

Aufgabe 9: *Verbessere die beiden Beispiele so, dass ein angenehm zu lesender Text entsteht! (Achte auf ausgewogene Satzlängen!)*

KOHL VERLAG REIZWORTGESCHICHTEN IN DER GRUNDSCHULE Kreatives Schreiben mit Schlüsselwörtern – Bestell-Nr. 10 756

7 Reizwortgeschichten interessant gestalten

Die wörtliche Rede

Aufgabe 10: *Zu der unteren Reizwortkette gehören die wörtlichen Reden in den Sprechblasen unten. Schreibe nun mit den Reiz wörtern und diesen wörtlichen Reden deine eigene Reizwortgeschichte. Achte auch auf die passenden Satzzeichen!*

Geburtstag – Kaffeetrinken – Erdbeertorte – stolpern

„Kannst du mir zu Marions Geburtstag eine Erdbeertorte mitbringen?"

„Seid pünktlich um drei Uhr zum Kaffeetrinken da!"

„Das ist aber ein Prachtstück von Erdbeertorte!"

„Oh mein Gott, die Torte!!!"

KOHL VERLAG REIZWORTGESCHICHTEN IN DER GRUNDSCHULE

Reizwortgeschichten interessant gestalten

EA

Aufgabe 11: *Verfasst zu der folgenden Reizwortkette ein Rollenspiel! Übt es ein und spielt es den anderen in der Klasse vor!*

Schulhof – Ball im Gesicht – Streit – Wut

Personen:

_______________ : ______________________________________

_______________ : ______________________________________

_______________ : ______________________________________

_______________ : ______________________________________

_______________ : ______________________________________

_______________ : ______________________________________

_______________ : ______________________________________

> Merke dir eines gut: Um eine gute Reizwortgeschichte zu schreiben, lohnt es sich, die wörtliche Rede einzubauen. Denn die wörtliche Rede macht jede Geschichte lebendig. Dabei solltest du die wörtliche Rede aber auch nicht zu viel einsetzen. An den interessantesten Stellen ist die wörtliche Rede am besten eingesetzt.

EA

Aufgabe 12: *Schreibe nun zu dem Rollenspiel deine Reizwortgeschichte auf! Verwende auch die wörtliche Rede! Achte auf die Hinweise aus dem Merkkasten! Schreibe in dein Heft/in deinen Ordner!*

EA

Aufgabe 13: *Erfinde zu den folgenden vier Sprechblasen jeweils eine Reizwortkette! Schreibe anschließend eine der Geschichten mit dieser wörtlichen Rede in dein Heft/in deinen Ordner!*

„Was glaubst du eigentlich, wer du bist?"

B

„Warum hast du das bloß getan?"

„Achtung, die Vase!"

„Findest du das nicht auch toll?"

D

REIZWORTGESCHICHTEN IN DER GRUNDSCHULE Kreatives Schreiben mit Schlüsselwörtern – Bestell-Nr. 10 756
KOHL VERLAG

8 Die Geisterbahn – Eine „Schnippelgeschichte"

EA **Aufgabe 1**: *Lies dir die folgende Reizwortkette genau durch! Schreibe zu diesen Reizwörtern deine eigene Geschichte!*

Geisterbahn – Angst – Papa

PA **Aufgabe 2**: *Tauscht eure Geschichten gegenseitig aus. Verbessert eure Fehler. Habt ihr alle gelernten Regeln beachtet? Bewertet die Geschichte des Partners, indem ihr ankreuzt!*

- ☐ Einleitung, Hauptteil und Schluss sind erkennbar.
- ☐ Satzanfänge und Übergänge sind abwechslungsreich.
- ☐ Verschiedene Verben, Substantive (Nomen) und beschreibende Adjektive wurden verwendet.
- ☐ Die Satzlänge ist ausgewogen.
- ☐ Die wörtliche Rede wurde benutzt.

KOHL VERLAG REIZWORTGESCHICHTEN IN DER GRUNDSCHULE

8 Die Geisterbahn – Eine „Schnippelgeschichte"

EA

Aufgabe 3: *Schneide die einzelnen Textteile der folgenden Reizwortgeschichte aus und bringe die durcheinandergeratenen Sätze wieder in die richtige Reihenfolge! Klebe sie in dein Heft oder auf ein Blatt, das du in den Ordner heftest!*

Geisterbahn – Angst – Papa

a) Mama und Papa hatten keine Lust dazu. Mein Bruder und ich glaubten das aber nicht.

b) Wir vermuteten, dass sie Angst hatten. Wir hatten aber keine Angst.

c) Gestern waren wir in einem tollen Freizeitpark.

d) Wir fuhren alleine mit der Achterbahn. Wir sahen Gespenster, Totenköpfe und Monster.

e) Gegen Nachmittag wollte ich unbedingt noch mit der Geisterbahn fahren.

f) Wir fanden es gar nicht gruselig. Plötzlich bewegte sich eine dunkle Gestalt auf uns zu.

g) Wir fuhren Karussell, Achterbahn, Wildwasserbahn und wir aßen massenhaft Pommes Frites.

h) Sie sah echt aus. Ich bekam Angst. Sie kam immer näher, ich fing an zu schreien.

i) Dann erkannte ich Papa. Papa hatte sich reingeschlichen, um uns zu erschrecken.

KOHL VERLAG REIZWORTGESCHICHTEN IN DER GRUNDSCHULE Kreatives Schreiben mit Schlüsselwörtern – Bestell-Nr. 10 756

9 So können Reizwortgeschichten sein!

lustig – ernst – traurig – gruselig

Eine lustige Reizwortgeschichte

Vater – Gurken – Streich – Grinsen

Papa mag keine Gurken. Jonas weiß das und er freute sich, dem Vater einen Streich zu spielen. Neulich hat er in seinen Hamburger extra viele Gurken versteckt. Papa fragte noch: „Sind die ohne Gurken?" Mama antwortete: „Natürlich!" Jonas konnte sich ein Grinsen nicht verkneifen.

Eine ernste Reizwortgeschichte

Polizei – strafmündig – Graffiti – Täter

Der Jugendbeauftragte der Polizei kam in die Klasse. „Mit 14 seid ihr strafmündig", verkündete er. Eine ernste Sache, denn in letzter Zeit war es immer wieder zu Graffiti-Schmierereien im Stadtpark gekommen. War es einer von ihnen? Vorsichtig schauten sie sich untereinander um. Wer kam als Täter in Frage?

Eine traurige Reizwortgeschichte

befreundet – Grundschule – Leichtathletik – Umzug

Jan und Marie waren seit dem Kindergarten befreundet. Jetzt gingen sie auch gemeinsam in die Grundschule. Sie saßen am selben Tisch und gingen zusammen zum Leichtathletiktraining. Nun war ein Umzug geplant. Marie sollte mit ihren Eltern an den Bodensee ziehen. Das war so weit weg! Konnten die Freunde sich trotzdem weiter sehen? Jan glaubte nicht daran.

Eine gruselige Reizwortgeschichte

Ausflug – Landstraße – Wald – erschrecken

Julia hatte sich den Ausflug anders vorgestellt. Sie wollten zu „Superstar" fahren, stattdessen liefen sie mit Benzinkanistern über die Landstraße. Es wurde bereits dunkel und es war weit und breit keine Tankstelle in Sicht. Da kamen gruselige Geräusche aus dem Wald an der Straße. Die Mädchen erschraken. Drei Rehe wechselten direkt vor ihnen über die Straße auf die andere Waldseite.

KOHL VERLAG REIZWORTGESCHICHTEN IN DER GRUNDSCHULE

9 So können Reizwortgeschichten sein!

Aufgabe 1: *Betrachte die unten angegebenen Reizwortketten! Entscheide dich für eine der acht und schreibe eine passende Geschichte in dein Heft / in deinen Ordner!*

Katze – Sahnetorte – Tür – Schrei

Silvester – Berliner – Marmelade – Senf

Altes Schloss – Gespenst – Ritterrüstung – Rumpeln

Mitternacht – Wald – Nachtwanderung – Lichter

Großvater – Krankenhaus – Besuch – Tränen

Wellensittich – Käfig – Fenster – leer

Brüder – Führerschein – Vaters Auto – Unfall

Tante Lara – schwere Krankheit – Besuch – tapfer

Aufgabe 2:

- *Erfinde selbst jeweils eine Reizwortkette!*
- *Tausche dein Blatt anschließend mit deinem Nachbarn aus! Nun sucht sich jeder eine Kette aus und erfindet eine Geschichte dazu!*

Meine **lustige** Reizwortkette	Meine **ernste** Reizwortkette
Meine **traurige** Reizwortkette	Meine **gruselige** Reizwortkette

10 Stationenarbeit

Station 1

EA

Aufgabe:

- *Lies die angefangene Reizwortgeschichte!*
- *Schneide die Geschichte aus, klebe sie in dein Heft und schreibe die Geschichte zu Ende! Beachte, dass du alle angegebenen Wörter verwenden sollst!*
- *Finde eine passende Überschrift!*

Rollstuhl – Großmutter – Abhang – los!

Leon bekam Besuch von seiner Großmutter und er freute sich schon sehr. Es war für sie nun beschwerlicher zu reisen als früher, seit sie im Rollstuhl saß. Aber jetzt hatte sie eine Begleitperson für die Bahnfahrt gefunden. Leon hatte vor, ihr viel zu zeigen. Schon beim ersten Spaziergang merkte er, wie anstrengend es war, den Rollstuhl bergauf zu schieben. Auch das Bremsen hügelab war nicht einfach. Heute wollte er mit seiner Oma ins Schwimmbad. Sie sollte zusehen, wie er sein Goldabzeichen machte. Dafür mussten sie den Abhang hinunter.

EA

Aufgabe:

- *Sieh dir das Bild genau an!*
- *Schreibe in Stichwörtern auf, was du siehst!*
- *Schreibe eine passende Reizwortkette!*
- *Schreibe nun eine Geschichte mit deinen Reizwörtern in dein Heft/in deinen Ordner!*

Deine Stichwörter:

____

____

____

____

Deine Reizwortkette:

KOHL VERLAG REIZWORTGESCHICHTEN IN DER GRUNDSCHULE

10 Stationenarbeit

Station 3

Jede Geschichte braucht eine Einleitung, einen Hauptteil und einen Schluss.

- In der Einleitung gibst du Antworten auf die W-Fragen (wer, was, wann ...).

  Notiere ein Reizwort (Beispiel = Fahrräder): ____________________

- Im Hauptteil schilderst du die Ereignisse, die auf einen Höhepunkt hinauslaufen.

  Notiere zwei Reizwörter (Beispiel = Wettrennen, Reifen platzt):

  ____

- Im Schluss beendest du die Erzählung möglichst originell/einfallsreich.

  Notiere ein Reizwort (Beispiel = Notarzt): ____________________

EA

Aufgabe: *Nun hast du eine Reizwortkette zusammen. Schreibe die Reizwortgeschichte in dein Heft/in deinen Ordner!*

EA

Aufgabe: *Schneide die Sätze aus! Bringe sie in die richtige Reihenfolge! Klebe sie dann in dein Heft oder auf ein Blatt, um es dann in deinen Ordner zu heften!*

Station 4

a) Am Urlaubsort angekommen, packten sie sofort die Badesachen aus.

b) Die Sonne durfte Sarah nur noch in einem T-Shirt genießen.

c) Sie beobachtete die Fische im kristallklaren Wasser und nickte allmählich ein.

d) Sarah hatte sich so auf die Ferien gefreut.

e) Auf ihrer Luftmatratze paddelte sie aufs Meer hinaus und ließ sich treiben.

f) Die letzten Sommer hatten ihren Namen nicht verdient. Es gab nur Regen und Schlechtwetterfronten.

g) Als ihr Rücken schmerzte, erwachte sie.

h) Der italienische Hautarzt stellte am Abend eine Verbrennung fest.

i) Sie würden ans Meer fahren und endlich gab es „Sonne satt“.

KOHL VERLAG REIZWORTGESCHICHTEN IN DER GRUNDSCHULE Kreatives Schreiben mit Schlüsselwörtern – Bestell-Nr. 10 756

10 Stationenarbeit

Station 5

Aufgabe: *Die folgende Reizwortgeschichte muss verbessert werden. Wähle abwechslungsreiche Satzanfänge! Vermeide Wiederholungen! Benutze weder Riesen- noch Zwergensätze!*

Angsthase – Hund – Freunde – Panik

Die Angsthasen

Sam wurde von seinen Freunden leider für ängstlich gehalten, denn sie hatten oft bemerkt, dass er sich fürchtete, auch wenn es ihrer Meinung nach gar keinen Grund gab. Sam war darüber nicht wirklich traurig. Er hatte eine andere Meinung von sich. Sie spielten am Waldrand. Ein riesiger Hund rannte auf sie zu. Die Freunde bekamen einen Riesenschreck und rannten davon. Die Freunde kletterten in Panik auf Bäume, aber Sam blieb stehen. Er rief lachend: „Hey, Teddy, du alter Halunke!" Er begrüßte seinen Hund, der ihm das Gesicht abschleckte. Grinsend drehte er sich zu seinen Freunden, die wie reifes Obst in den Zweigen hingen.

meine Verbesserungen

Schreibe anschließend die Geschichte neu in Dein Heft / in deinen Ordner. Benutze deine Verbesserungen!

Station 6

Aufgabe: a) *Erfinde eigene Reizwortketten, die lustig, traurig, ernst oder gruselig sind!*

Meine **lustige** Reizwortkette	Meine **ernste** Reizwortkette
Meine **traurige** Reizwortkette	Meine **gruselige** Reizwortkette

b) *Erzähle die Geschichte deinem Tischnachbarn!*

c) *Schreibe eine Geschichte zu einer Kette deiner Wahl auf!*

REIZWORTGESCHICHTEN IN DER GRUNDSCHULE
KOHL VERLAG

10 Stationenarbeit

Station 7

Aufgabe: *Suche dir aus den folgenden Reizwortketten eine heraus, zu der du eine Geschichte schreibst! Schreibe in dein Heft/in deinen Ordner!*

1. Deutschstunde – Mäppchen – Fenster – wiederfinden
2. Schwimmbad – Badehose – Sprungbrett – verloren
3. Sauna – Dampfbad – Brille – Nachbarin
4. Hund – Geburtstag – Torte – Tierarzt
5. Ozean – Wal – Fangflotte – Walbaby
6. Berge – Schnee – Lawine – Rettung

Aufgabe:

- *Entscheide dich für einen der unten angegebenen Bereiche!*
- *Erfinde zu diesem Bereich eine Reizwortkette!*
- *Tausche mit deinem Tischnachbarn und schreibe eine Geschichte zu dessen verfasster Reizwortkette!*

Winter

Meine Reizwortkette:

11 Reizwortketten „satt"

Falls Anregungen für Reizwortgeschichten gesucht werden, finden sich hier Reizwortketten „satt". Viel Spaß mit den Vorschlägen!

Flugzeuglärm – dunkle Nacht – großer Krach – Unglücksstelle

Katze – Kind – Hof – Straße – Unfall – Rettungswagen

Teller – Käsebrot – scharfes Messer – blutende Finger

Spielplatz – Kirschen – Wespe – Arzt

Wasserkocher – neugierig – verbrannt

Zirkusbesuch – Artist – Absturz – Notarzt

Schule – Busfahrt – Fahrkarte

Brücke – reißender Fluss – Brille

Zoo – Lama – eklig

Katze – spielen – Kratzer

Geburtstag – Geschenke – kaputt

Schwimmbad – Sprungbrett – mutig – Bauchplatscher

weiße Mäuse – Geburtstagsgeschenk – Katze

Winter – Gehsteig – Glatteis – Beinbruch

Radausflug – Glasscherben – Platten – fehlendes Flickmaterial

Schulpause – Streit – Prügelei – Rektor Meier

KOHL VERLAG REIZWORTGESCHICHTEN IN DER GRUNDSCHULE

11 Reizwortketten „satt"

Speicher – Kiste – Schatz

Campingplatz – Zelt – Krach

Wanderurlaub – Burgruine – Gewitter

Hausaufgaben – Schultasche – vergessen

Lesenacht – Gruselkrimi – knarren – Hausmeister

Klassenarbeit – Angst – Spickzettel – Lehrer

Katze – einsperren – Schlafzimmer – zerfetzt

Geheimversteck – vier Jungen – seltsame Geräusche – Mädchen

zerschlagene Glasflasche – Wald – Sonne – Feuer

Mutter – Telefon – Bügeleisen – Gestank – Brandloch

Klingelscherz – erboster Nachbar – verfolgender Hund

Ausflug – Dämmerung – Orientierung verloren – Waldhütte

Im Bad – duschen – eingeseift – plötzlich kein Wasser!

Sturmfreie Bude – Riesenfest – Durcheinander – Hausarrest

Katze Minka – fiepen – Aufregung – Leonies weiße Maus

Fußballspiel – Foul – Krankenwagen – Gips

KOHL VERLAG REIZWORTGESCHICHTEN IN DER GRUNDSCHULE Kreatives Schreiben mit Schlüsselwörtern – Bestell-Nr. 10 756

12 Regeln für das Aufsatzschreiben

Reizwortgeschichten

Kreuze an, ob die Punkte auf deine Reizwortgeschichte zutreffen! ☒

☐ Erzähle in einer Zeitform.

☐ Wähle eine Erzählperspektive:
- Ich-Form
- Er-Form (ein außenstehender Erzähler, der alles weiß (auktorialer Erzähler))

☐ Behalte den roten Faden im Auge (keine weiteren Ausschweifungen, Überschrift bzw. Reizwörter beachten, auf das Ende hin erzählen).

☐ Gliedere in
- Einleitung (Wer, Wo, Wann, Was, Wieso ...).
- Hauptteil (mit Höhepunkt).
- Schluss (klärend, Happy End, offenes Ende, trauriges Ende).

☐ Gestalte deinen Text lebendig und abwechslungsreich.
- Benutze verschiedene Verben (gehen, laufen, schlendern, rennen ...)
- Verwende beschreibende Adjektive.
- Variiere bei den Nomen/Substantiven.
- Benutze z.B. die wörtliche Rede (sie macht den Text lebendig).

☐ Baue Spannung auf. Der Höhepunkt des Hauptteiles ist sehr wichtig.

☐ Achte auf den richtigen Satzbau und die korrekte Grammatik.

☐ Beschreibe Gefühle und Gedanken der beteiligten Personen (Tiere).

☐ Schreibe verständliche Sätze (nicht zu kurze und nicht zu lange) und verwende abwechslungsreiche Formulierungen und Satzübergänge (nicht und dann ... und dann ...).

☐ Verwende alle Reizwörter in einem sinnvollen Zusammenhang zur Geschichte.

KOHL VERLAG
REIZWORTGESCHICHTEN IN DER GRUNDSCHULE

13 Bewertungskriterien für Reizwortgeschichten

Diese Bewertungskriterien können Sie zur Korrektur Ihrer Aufsatzarbeiten benutzen. Sie erheben aber keinen Anspruch auf Vollständigkeit. Deshalb sollten Sie immer ihre eigenen Bausteine des Unterrichts mitbewerten. Die angegebenen Punktzahlen gelten nur als Vorschläge. Sie können sie individuell abändern und ergänzen. Vielleicht haben Sie einen anderen Schwerpunkt, der deshalb mehr Punkte verdient. Viel Spaß dabei!

Bewertungskriterien	volle Punktzahl	erreichte Punktzahl
Die Zeitformen wurden durchgängig eingehalten.	3	
Die Erzählperspektive stimmt und wurde beibehalten.	2	
Es wurde klar auf das Ende hin erzählt (roter Faden).	10	
Der Aufbau stimmt. Alle Teile beinhalten die wichtigsten Kriterien. • Einleitung (Wer, Wo, Wann, Was, Wieso ...) • Hauptteil (mit Höhepunkt) • Schluss (offener, klärender, Happy End ...)	6	
Der Text wurde lebendig gestaltet • verschiedene Verben, Adjektive, Nomen/Substantive • wörtliche Rede/Lebendigkeit	8	
Ein richtiger Satzbau, korrekte Grammatik und abwechslungsreiche Satzübergänge wurden angewandt.	6	
Der Aufsatz ist spannend. Er zeigt Gefühle und Gedanken der beteiligten Personen.	5	
Alle Reizwörter werden in einem sinnvollen Zusammenhang in der Geschichte bedacht.	10	
	gesamte Punktzahl 50	erreichte Punktzahl

KOHL VERLAG REIZWORTGESCHICHTEN IN DER GRUNDSCHULE Kreatives Schreiben mit Schlüsselwörtern – Bestell-Nr. 10 756

14 Die Lösungen

1

Aufgabe 1:
A: Steinschleuder – Erschrecken – klirren
B: Kuchenplatte – leer – Hund – schimpfen
C: Zwiebel – Mutter – Taucherbrille – Gelächter

Aufgabe 2:
D: Wald – Lagerfeuer – Feuer – gefangen – Sirene
E: Postbote – Hund – Lautsprecher – Flucht
F: gutaussehend – Windstoß – Perücke – Glatze

2

Aufgabe 1:
1. zugefrorener See – Schlittschuhe – „Kracks"
2. Mitternacht – Einbrecher – Schreck
3. Fensterscheibe – Ball – klirren
4. Bauernhof – Pferdestall – weggelaufen

3

Aufgabe 3: Hund – Leine – ausgebüchst

Aufgabe 4: Schwimmbad – Sonne – Schwimmabzeichen – knallrot

5

Aufgabe 1:
(Mögliche Lösungen)

A
1. Ein Buckelwalweibchen glitt durch das Wasser.
2. Ihr Kalb trank jeden Tag 600 Liter Milch.
3. Gemeinsam durchquerten sie den Ozean.
4. Sie waren in Gefahr, als ein Walfänger am Horizont erschien.

B
1. Die afrikanische Elefantin war 20 Jahre alt.
2. Sie hatte ein Junges in ihrer Obhut.
3. Durch die Wüste zogen sie schon viele Wochen.
4. Beide hatten in dieser Dürre großen Durst.

Aufgabe 2:
(Mögliche Lösungen)

A
1. Die Klasse besuchte eine Vorführung im Planetarium.
2. Gebannt machten sie einen Ausflug ins Weltall.
3. Auf den Stühlen konnte man sich weit zurücklehnen.
4. Susanne fiel vom Stuhl und ihr wurde der Rausschmiss angedroht.

B
1. Nur noch ein Sieg konnte Rot-Weiß Untershausen vor dem Abstieg bewahren.
2. Das entscheidende Spiel fand am Samstagmittag statt.
3. Nur noch eine Minute bis zum Schlusspfiff, und noch immer stand es 0 : 0.
4. René, der Spitzenstürmer, schoss das Tor und der Jubel hallte in seinen Ohren.

6

Aufgabe 2:
Einleitung: Dieser Sommer zeigte sich bisher von seiner schlechtesten Seite. Es regnete schon seit Wochen. „Der Kanuausflug wird doch wohl nicht ins Wasser fallen?", stöhnte Jens. Am Wochenende musste das Wetter besser werden, denn sie wollten an den Neckar zum Paddeln, das war ein großer Fluss in der Nähe.
Hauptteil: Am Sonntag lachte endlich die Sonne vom Himmel und die Familie packte froh ihr Paddelzubehör ins Auto. Und los ging es zum Fluss. Auf dem Neckar waren sie schon zwei Stunden unterwegs, als plötzlich Wolken aufzogen und es anfing zu regnen. Der Regen verschlimmerte sich und die Familie suchte Zuflucht unter einer Brücke. Alle hatten inzwischen nagenden Hunger.
Schluss: Da hatte Vater den rettenden Einfall: Sie bauten ihren Spirituskocher auf der Metallunterlage im Boot auf. Und schon bald köchelte die Tomatensuppe auf der kleinen Flamme. „Kochen im Boot", sagte Jens, „das hat noch keiner in meiner Klasse erlebt!"

7

Aufgabe 2: Alle Aussagen sind zutreffend.

KOHL VERLAG REIZWORTGESCHICHTEN IN DER GRUNDSCHULE

14 Die Lösungen

7

Aufgabe 3:

Der Papa als Nikolaus	*Überschrift verrät zu viel*
Der Nikolaustag nahte und Paula und Joshua waren schon ganz	*„und" zu oft wiederholt*
aufgeregt. Der Nikolaus füllte hoffentlich ihre Stiefel mit vie-	*„Der" wird zu oft wiederholt*
len Leckereien. Paula sagte: „Den Nikolaus gibt's doch gar nicht	*„Paula sagte" klingt eintönig*
wirklich. Das ist immer ein Mann, der nur den Nikolaus spielt. Die	*es fehlen beschreibende Adjektive*
Erwachsenen tun so, als ob der echt wäre und ich glaube nicht an	*zu langer Satz, besser trennen*
den Nikolaus!" Joshua wusste nicht, ob er Paula glauben sollte.	*Gefühle werden nicht umschrieben*
Und dann kam der Nikolausabend. Papa war gerade zum Bau-	
markt gefahren, als es an der Tür klingelte. Mama rief: „Joshua,	
öffne die Tür, ich bin gleich da!" Joshua öffnete die Tür. Joshua	
stotterte: „Der Nikolaus!" Da stand doch wahrhaftig der Nikolaus	*„Joshua" wird zu oft wiederholt*
vor der Tür mit einem Sack auf dem Rücken. Joshua trat zurück	*beschreibendes Adjektiv fehlt*
in den Gang. Der Nikolaus folgte ihm. Schnuffi, der Hund, sprang	*Wie fühlt Joshua sich?*
schwanzwedelnd am Nikolaus hoch. Freudig wollte Schnuffi ihm	*kein Überraschungseffekt, hier soll der Höhepunkt sein*
übers Gesicht lecken, er erwischte aber nur den Bart. „Ratsch",	
machte es. Der Bart war ab. „Papa, du!", rief ein enttäuschter	
Joshua.	

Aufgabe 4:

(mögliche Lösung)

Der Nikolaus

Der Nikolaustag nahte. Paula und Joshua waren schon mächtig aufgeregt. Hoffentlich füllte der Nikolaus ihre Stiefel auch mit möglichst vielen Leckereien! Aber Paula hatte zu Joshua gestern erst gesagt: „Den Nikolaus gibt's doch eigentlich gar nicht wirklich. Das ist immer ein verkleideter Mann, der den Nikolaus nur spielt. Die Erwachsenen tun halt gerne so, als ob der echt wäre. Ich glaube nicht an den Nikolaus!" Joshua war sichtlich verunsichert. Er wusste nicht so recht, ob er Paula Glauben schenken sollte. Und dann kam der Nikolaustag. Papa war gerade mit dem Auto zum Baumarkt gefahren, als es plötzlich an der Tür klingelte. Mama rief: „Joshua, öffne bitte, ich bin gleich da!" Joshua öffnete und riss die Augen weit auf. „Der Nikolaus!", stotterte er aufgeregt. Da stand doch wahrhaftig eine stattliche Person, die wie der Nikolaus aussah. Auf dem Rücken trug er einen riesigen Sack. Überrascht wich Joshua einige Schritte zurück. Der Nikolaus folgte ihm. Schnuffi, der Hund, entdeckte den Besucher und sprang schwanzwedelnd an ihm hoch. Freudig wollte er ihm übers Gesicht lecken, er erwischte jedoch nur den großen weißen Bart. „Ratsch" machte es – der Bart fiel zu Boden. „Papa, du!", rief ein sichtlich enttäuschter Joshua.

Aufgabe 6:

arbeiten: schaffen, tun, werkeln, malochen, den Beruf ausüben, anpacken ...
gemein: böse, hinterhältig, hinterlistig, garstig, widerlich, eklig, ungerecht ...
Haus: Gebäude, Hütte, Wohnung, Bude, Hochhaus, Einfamilienhaus, Bungalow ...

14 Die Lösungen

8 **Aufgabe 3:** Richtige Reihenfolge: a – 4; b – 5; c – 1; d – 6; e – 3; f – 7; g – 2; h – 8; i – 9

10 **Station 1:** (mögliche Lösung)
... Die Großmutter benutzte die Bremsen des Rollstuhls, doch plötzlich ließ sie los. Leon war so überrascht, dass er die Hände hoch riss. Da sauste die Oma in rasender Fahrt den Abhang hinunter. Das ganze hätte ein böses Ende nehmen können, wäre da nicht die Wiese mit dem Sandbock gewesen, in dem der Rollstuhl steckenblieb. Oma meinte nur: „Das hat aber Spaß gemacht!"

Station 2: (mögliche Lösung)
Das Obstessen
Ina wird mit ihrem Bruder alleingelassen. Die Eltern möchten, dass der kleine Bruder Lars sein Stück Obst isst. Ina telefoniert mit ihrer Freundin. In der Zeit knabbert Lars das ganze Obst an. Die große Schwester ist entsetzt, als sie das Malheur entdeckt. Was werden die Eltern sagen? Sie haben eine rettende Idee. Warum aus den Resten nicht einfach einen Obstkuchen backen? Die Eltern sind hocherfreut über diese Überraschung, als sie zurückkommen.

Station 3: (mögliche Lösung)
Das Wettrennen
Moritz und Julian freuen sich über ihre neuen Fahrräder. Sie wollen diese bei einem Wettrennen ausprobieren. Da platzt plötzlich Julians Reifen. Er verliert die Kontrolle und landet im Graben. Der Notarzt stellt eine leichte Gehirnerschütterung fest.

Station 4: Richtige Reihenfolge: d), i), f), a), e), c), g), h), b)

Station 5: (mögliche Lösung)
Die Angsthasen
Sam wurde von seinen Freunden leider für ängstlich gehalten. Sie hatten oft bemerkt, dass er sich fürchtete, auch wenn es keinen Grund dafür gab. Darüber war Sam nicht wirklich traurig, denn er hatte eine andere Meinung von sich. Sie spielten am Waldrand, als ein riesiger Hund auf sie zurannte. Die Freunde bekamen einen Riesenschreck und flitzten davon. In Panik kletterten sie auf Bäume, aber Sam blieb einfach stehen. Lachend rief er: „Hey, Teddy, du alter Halunke", und er begrüßte seinen Hund, der ihm das Gesicht abschleckte. Grinsend drehte er sich zu seinen Freunden, die wie reifes Obst in den Zweigen hingen.

KOHL VERLAG REIZWORTGESCHICHTEN IN DER GRUNDSCHULE

Wildi, P. Lindner-Köhler, L.-S. Kohl, U. Stolz & J. Manns

Topseller!

ildergeschichten zum Schmunzeln

e Bände enthalten **originelle Bildergeschichten** und speziell dazu erstellte **Anregungen zum Fa-lieren und Erzählen**. Nebenbei werden soziale Denkanstöße mit Humor vermittelt. Die Bände sind **cherübergreifend einsetzbar** in den Fachbereichen Deutsch, Ethik, Religion und Sachunterricht!

8 S.	Der Volltreffer (20 Bildergeschichten)	10 028	ab 13,49 €
8 S.	Das Wettrennen (20 Bildergeschichten)	10 682	ab 13,49 €
6 S.	15 Advents- & Weihnachtsgeschichten	11 439	ab 11,99 €

2 3 4

aldemar Mandzel & A.-Team Kohl-Verlag

ildergeschichten ır Aufsatzerziehung

e motivierenden Bildanlässe in diesem Heft regen zum chdenken auf und erleichtern so das Einsteigen zum Auf-tzschreiben. Zu jedem Bild gibt es eine zusammenhängende derreihe, sowie einführende Übungen zu den wichtigsten pekten eines Aufsatzes wie: drei Teile des Aufsatzes (Ein-tung, Hauptteil, Schluss), indirekte/direkte Rede, verschie-nen Satzanfängen, Beschreibung von Gefühle- und Emoti-enbeschreibung, Spannung.

92 Seiten	12 653	ab 18,99 €

FÖ 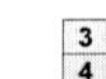 

3 4

ns-Peter Tiemann

.o.plauen Vater und Sohn

xt- und Gestaltungsideen

diesem Band von Hans-Peter Tiemann bieten Erich Ohsers dgeschichten Impulse zur analytischen Erarbeitung wie auch m kreativen Schreiben. Auf zwei Niveaustufen werden Schü-angeregt, sich mit den Figuren und den Situationen ausein-derzusetzen. Schreib- und Gestaltungsaufträge und Dialog-lagen für kleine szenische Inszenierungen regen dazu an, schönsten Vater-Sohn-Geschichten „weiterzuspinnen" und lebendig werden zu lassen.

48 Seiten	12 306	ab 13,49 €

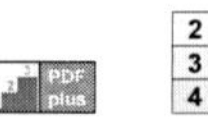

2 3 4

rst Hartmann & Waldemar Mandzel

ildergeschichten an Stationen

ht Bildergeschichten werden in motivierenden Illustrati-en dargestellt. Die Kinder bestimmen individuell ihr Lerntem-und suchen sich das in verschiedenen Schwierigkeitsstufen eitgestellte Material für die Weiterarbeit aus. Jede Geschich-wird an mehreren Stationen erarbeitet und bietet abwechs-gsreiche Übungen an, die Lernzuwachs und persönliche olgserlebnisse garantieren.

72 Seiten	11 720	ab 15,99 €

3 4

ns-Peter Tiemann

eutschreihe „... für Kids"

beliebte Reihe „für Kids" begeistert mit einem Feuerwerk guter schichten und kreativer Impulse. Wer spannende, humorvolle und rarisch reizvolle Erzählungen sucht, wird bei diesen Titeln fündig rden. Jeder Band enthält zudem eine Textwerkstatt, die zahlrei-analytische und textproduktive Aufgaben bietet. Die Reihe hilft motivierende Weise dabei, die Kompetenzerwartungen an kind-es Textverständnis und an kindliche Gestaltungsfertigkeiten im gang mit Literatur gemäß curricularer Vorgaben zu erfüllen.

5 S.	Krimis für Kids	11 033	ab 14,49 €
S.	MEHR Krimis für Kids	12 312	ab 13,49 €
2 S.	Gruselgeschichten für Kids	11 158	ab 14,49 €
2 S.	MEHR Gruselgeschichten f. Kids	12 311	ab 14,49 €
5 S.	Tiergeschichten für Kids	12 643	ab 14,49 €
) S.	Fantasy-Geschichten für Kids	12 644	ab 14,99 €
) S.	Detektiv-Geschichten für Kids	12 645	ab 14,99 €
) S.	Inselgeschichten für Kids	12 646	ab 14,99 €

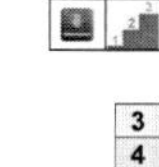

Weitere Infos auf Seite 22!

3 4

Waldemar Mandzel & Autorenteam Kohl-Verlag

Bildanlässe zum Schreiben

Der Band enthält 11 Bilder, in denen eine Situation dargestellt ist, welche die Fantasie anregt. Manchmal wird gleich etwas Unangenehmes/Peinliches passieren, oder es ist gerade etwas Komisches passiert. Immer ist es aber so, dass der Zuschauer spontan auch lachen muss. Diese emotionale Auflockerung soll den Schülern „die Angst vor dem leeren Blatt" nehmen und so für Kreativität sorgen. Zu jedem Bild gibt es Aufgaben in 2-3 Niveaustufen, die zum kreativen und freien Erzählen/Schreiben anleiten. Die Kopiervorlagen sind optimales Freiarbeitsmaterial.

FÖ  PDF plus

56 Seiten	12 404	ab 13,49 €

3 4

Prisca Thierfelder

20 Geschichten zum Weitermalen

Die motivierenden Bildanlässe regen zum Nachdenken an und erleichtern den Einstieg ins Aufsatzschreiben. Zu jedem Bild gibt es eine zusammenhängende Bilderreihe, einführende Übungen zu den wichtigsten Aspekten eines Aufsatzes.

- bestens geeignet für Vertretungsstunden
- keine langwierige Vorbereitung
- nicht themengebunden

64 Seiten	12 639	ab 14,99 €

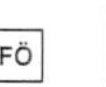 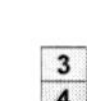

FÖ

3 4

Hans-Peter Tiemann

Reime für Kleine Grundschulgedichte

Die hier gesammelten Gedichte laden ein zu Fantasiereisen in poetische Landschaften, zur Gestaltung von Lyrikkisten und lyrischen Lapbooks, stimmen nachdenklich und unterhalten mit Pointen, szenischen Elementen und kindgerechter Dramaturgie. Sie eignen sich zum Spiel auf der kleinen Klassenbühne und bieten den Kindern als poröse Texte schwachen den Versen Schlupflöcher an, in die sie hineinkriechen können, um sich in den Textwelten zu tummeln: Im Streichelzoo beherrschen Tiere die Verse und Strophen, im Kopfhaus gibt es Fantasievolles und Besinnliches, bei der Prinzessin Poesia werden Märchenmotive bedient und die Verseschmiede macht Lyrik mit allen Sinnen erfahrbar. **Mit extra Audio-Material zum Download.**

56 Seiten	12 547	ab 13,49 €

2 3 4

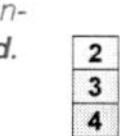

Hans-Peter Tiemann

Gedichte zum Staunen

Begeisternde Texte behutsam & motivierend vermittelt

Auf zwei Niveaustufen werden Gedichte erarbeitet, in denen die eigenen Lebensthemen auf liebevolle Weise angesprochen werden. Die Lyrikwerkstatt zeigt, wodurch Sprache zum Klingen gebracht wird. Schülerinnen im Lehrgang der Vers- und Reimschule poetische Grundfertigkeiten metrischer Gestaltung erwerben. Zahlreiche spielerische Übungen helfen dabei.

56 Seiten	12 305	ab 13,49 €

3 4

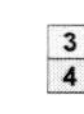

Hans-Peter Tiemann

Das Gedichte-Starterkit

Zündende Ideen für einen begeisternden Lyrikunterricht

Ein umfangreiches Material- und Methodenset zum Umgang mit Gedichten. Der Band enthält neben Aufgaben für „Lyrikeinsteiger" auch anspruchsvolles Material für „Lyrikexperten", ein Lyriklexikon für Kinder, einen Methodenpool, und zahlreiche Angebote zum themen- & leistungsdifferenzierten Unterricht.

56 Seiten	11 180	ab 13,49 €

3 4

Mila Müller

Wochenplan Freies Schreiben

Jede Woche ist in 5 Einheiten (Mo-Fr) untergliedert. So steigt von Tag zu Tag das Selbstbewusstsein, wieder mal etwas geschafft zu haben. Ganz ohne Überforderung in kurzer Zeit machbar. Als Aufgaben werden Situationen zum Weiterschreiben oder Bildbeschreibungen angeboten. Durch die Wochenstruktur ist es auch möglich, in mehreren Portionen an einer Geschichte immer weiter zu arbeiten, oder angelegte Stichwörter später auszuwerten. Das Verfolgen einer zusammenhängenden Sache über eine Woche motiviert enorm!

48 S.	Klasse 3	12 506	ab 13,49 €
52 S.	Klasse 4	12 507	ab 14,49 €

3 4

Dir gefällt das Produkt?
Wir freuen uns auf deine Bewertung!

Hinterlasse einfach einen Kommentar dort, wo du das Produkt erworben hast.